PROJET

D'UN

CANAL D'IRRIGATION,

DESTINÉ

A DÉRIVER LES EAUX DU DRAC,

POUR LES CONDUIRE

DANS LE BASSIN DE GAP.

Rapport de l'Ingénieur en Chef.

GAP,

TYPOGRAPHIE D'ALFRED ALLIER.

1847.

Ce Rapport qui ne devait pas être imprimé, ne l'a été que sur la demande de l'administration municipale, dans le but de répandre parmi les propriétaires intéressés les documents propres à leur faire connaître les éléments et les conditions du projet d'irrigation du bassin de Gap.

M. l'Ingénieur en chef a cru devoir seulement retrancher de son rapport des calculs étrangers au canal d'irrigation en lui-même et qu'il a jugés sans intérêt pour le public.

DÉPARTEMENT DES HAUTES-ALPES.

PONTS ET CHAUSSÉES.

PROJET

D'UN

CANAL D'IRRIGATION,

Destiné à dériver les eaux du Drac, pour les conduire dans le Bassin de Gap, moyennant le percement d'une galerie à travers la Montagne de Bayard.

Utilisation de cette galerie pour le passage de la Route royale, n° 85.

RAPPORT DE L'INGÉNIEUR EN CHEF.

Le bassin de Gap, situé dans la vallée de la Luye, est borné à l'ouest par la montagne de Charance et au nord par celles de Bayard et de Manse qui font partie de la ligne des hauteurs qui séparent la vallée du Drac de celle de la Luye.

Ce bassin d'une excellente exposition et d'une étendue de culture considérable, offre un terrain d'une très bonne qualité, mais que le manque d'eau dessèche malheureusement pendant les chaleurs de l'été.

L'irrigation produirait dans cette contrée d'immenses

EXPOSÉ.—ANTÉCÉDENTS DU PROJET DU CANAL D'IRRIGATION.

1847

améliorations, comme le prouvent les champs qui tirent quelque moyen d'arrosage du peu de sources de la montagne de Charance qui ne tarissent pas entièrement; aussi le projet d'arroser le bassin de Gap a-t-il de tout temps préoccupé les habitants.

Dès l'année 1448, la ville sollicita et obtint de Louis XI des lettres-patentes qui l'autorisèrent à dériver les eaux du torrent d'Ancelle situé derrière le col de Manse, pour les conduire sur les versants du nord du bassin, à une hauteur qui domine la plus grande partie du territoire de la commune; ce canal qui fut exécuté, qui servit pendant un certain temps, et dont on voit encore des vestiges sur la montagne de Bayard, remplissait trop imparfaitement l'objet qu'on se proposait, à cause de l'exiguité du volume des eaux du torrent pendant l'été. La répartition de ces eaux ne pouvait donner que des résultats insignifiants pour la ville, eu égard à l'étendue du terrain à arroser, et engendra des contestations qui conduisirent à l'abandon et à la ruine du canal. Des tentatives furent faites à diverses époques pour le rétablir, notamment en 1688 et en 1764; des devis furent même alors préparés, mais ces efforts restèrent sans succès.

L'attention du pays se porta plus tard vers la possibilité d'emprunter au Drac les eaux dont on avait besoin; l'élévation relative de cette rivière comparativement au fond du bassin de Gap, et la forte pente qu'elle présente, pouvaient en effet permettre de penser que sans la remonter à une très grande distance, on pourrait trouver un niveau de prise d'eau tel qu'on pût franchir sans des dépenses exagérées, les cols de Bayard ou de Manse dont nous avons déjà parlé. Le Drac, d'ailleurs, qui est alimenté par des glaciers et des neiges éternelles, devait pendant l'été fournir à l'irrigation une alimentation bien suffisante, et la qualité fécondante de ses eaux, bien éprouvée dans la vallée du Champsaur, offrir un autre avantage d'un grand prix.

Un mémoire rédigé en l'an II, par M. Farnaud, Secrétaire général de la préfecture des Hautes-Alpes, appela sur cette question importante la sollicitude de M. Ladoucette, alors préfet, qui ordonna des reconnaissances préliminaires sur les lieux, afin de faire constater si l'entreprise était possible. A la suite de ces opérations qui donnèrent une idée favorable du projet, intervinrent des délibérations des conseils municipaux de la ville de Gap et des communes de Romette et de La Rochette, qui réclamèrent l'exécution du canal, puis enfin sa construction fut sanctionnée par une loi spéciale.

Cette loi datée du 23 pluviose an XII, et insérée au bulletin des lois, n° 342, 3ᵉ série, laissait les dépenses à la charge des communes et des propriétaires qui devaient profiter de l'irrigation, mais elle donnait à l'entreprise le caractère et les priviléges d'un travail d'utilité publique, et indiquait que le Gouvernement pourrait autoriser à contracter un emprunt, si cela était nécessaire.

Enfin, comme complément à ces mesures destinées à faciliter l'exécution du canal, on voit par une lettre de M. de Champagny, Ministre de l'Intérieur, en l'an XIII, que l'Empereur était disposé à accorder une subvention de 100,000 francs aux intéressés, si ceux-ci s'organisaient sérieusement pour mener à fin cette entreprise.

Mais ces dispositions favorables vinrent échouer devant le défaut des ressources des propriétaires. Tous voulaient le canal, tous aspiraient à son exécution et en comprenaient les grands avantages, mais les discussions sur les moyens d'exécution ne purent aboutir. Les offres de capitaux furent par trop insuffisantes, et il en fut de même des engagements relatifs à l'opération de l'emprunt. Les charges de l'amortissement d'une somme qui devait être considérable et qu'on n'espérait pas pouvoir emprunter à long terme, parurent trop onéreuses; rien ne se conclut donc, et on laissa échapper la subvention à peu près accordée par l'Empereur.

L'on n'avait encore à cette époque, du reste, aucun
élément un peu certain de l'appréciation des dépenses;
on voulut s'en rendre compte plus tard, et le conseil
municipal de Gap demanda un avant-projet du canal du
Drac à M. l'Ingénieur ordinaire Sévenier, qui remit son
travail en 1829.

Ce projet conduisait les eaux au col de Bayard sans
percer la montagne de ce nom, il avait son point de
départ dans le Drac d'Orcières, à 3,600 mètres en amont
du confluent de cette branche avec celle qui vient de
Champoléon, et offrait sur ce parcours un développement de........ .... 26,973^m

Mais pour remédier au défaut de l'eau dans
la branche d'Orcières, il était projeté une
dérivation supplémentaire partant du Drac de
Champoléon, et aboutissant au barrage de
retenue dans la 1re branche. Cette dérivation
avait une longueur de...... 7,213

Longueur totale.... . .. 34,186

La dépense était évaluée à.......644,259^f 36

y compris celle de 56,550 fr. 65 cent., pour l'ouverture
de l'artère principale d'irrigation à développer sur le
sommet des versants du bassin de Gap, dans la direction
de Charance et dans celle de la Rochette.

Le montant de ces projets était peu considérable, eu
égard aux résultats qu'on attendait de l'irrigation sur une
surface évaluée à 5,600 hectares, cependant il ne fut
donné aucune suite à ce travail. Les intéressés s'inquiétè-
rent notamment au sujet des terrains peu stables que
traversait le tracé dans la partie haute de certaines casses,
(on appelle ainsi dans le pays des amas de grosses pierres
détachées du sommet des rochers qui couronnent les
montagnes); M. l'Ingénieur Sévenier reconnaissait lui-
même dans la description de son projet, les dangers et
les inconvénients de ces passages.

Dès l'année qui suivit la présentation du travail de cet Ingénieur, le conseil municipal de Gap demanda à M. l'Ingénieur en chef Boucher de la Rupelle une nouvelle étude du canal, avec une prise d'eau moins avancée dans la vallée du Drac, pour éviter les localités dont on vient de parler, et en se résignant à percer d'un souterrain, soit la montagne de Bayard, soit la montagne de Manse, (*les cols de ces deux montagnes sont à peu près à la même élévation*). Mais M. de la Rupelle fut appelé peu après à une nouvelle résidence, et n'eut que le temps de commencer quelques essais de nivellement.

Les choses en étaient restées là depuis lors, quand M. Curel, Préfet actuel, qui attachait un haut intérêt à la solution d'une question dont les esprits ne cessaient de se préoccuper, nous chargea, sur la demande du Conseil municipal, de reprendre les études du canal du Drac, pour en préparer un avant-projet définitif. C'est ce travail que nous présentons aujourd'hui et dont nous indiquerons tout à l'heure les dispositions essentielles. Notre projet monte à un chiffre beaucoup plus élevé que celui de M. Sévenier, mais indépendamment des inconvénients inhérents au tracé de cet autre projet, et dont nous avons parlé tout à l'heure, il y a lieu de faire encore, au sujet de ce travail, les trois observations suivantes :

1° Le canal de M. Sévenier ne devait débiter que 1^m 20^c cubes d'eau par seconde, et était présenté comme devant suffire avec ce produit à l'irrigation d'une surface de 3,600 hectares. Or, on admet maintenant qu'un bon arrosage consomme en moyenne 0^m 75^c cubes d'eau par seconde pour 1,000 hectares ; c'est le chiffre indiqué dans le traité des irrigations de M. Nadault de Buffon, Ingénieur en chef des ponts et chaussées ; et il en résulte que le débit de

1^m 20^c n'aurait convenablement desservi qu'une surface de 1,600 hectares, au lieu de celle de 3,600. Dans notre projet, le volume de l'écoulement sera de 3 mètres cubes par seconde, et assurera ainsi l'irrigation de 4,000 hecta-res de terrain,

2° Le canal n'était bordé dans le projet de 1829, que d'un seul marche-pied de 1 mètre de largeur, et conséque-ment il n'offrait aucun moyen de transporter le long de son parcours, les matériaux dont on aurait eu besoin pour les réparations de l'avenir, les terrains qu'il traversait en amont du col de Manse, ne présentant d'ailleurs aucuns chemins de voiture à cause de la grande déclivité de la montagne. Dans notre projet au contraire, le canal est accompagné partout d'un chemin de 3^m 50^c de largeur, avec des gares d'évitement de distance en distance, indé-pendamment d'un marche-pied de 1^m du côté du déblai.

3° Quelques-uns des ouvrages du travail de 1829 sont projetés avec une économie dans laquelle il eût été impos-sible de se maintenir dans l'exécution. Nous citerons les ouvrages de la prise d'eau dans le Drac d'Orcières, évalués seulement à 5,557 fr. 88 cent., ils consistaient en un bar-rage transversal dans le lit de la rivière, formé seulement de blocs de 0^m 80^c en volume, juxta-posés, sans aucun arrêt pour les fixer, et qui dans la partie la plus fournie du massif, ne cuberait que 2^m 40^c par mètre courant. Cet ouvrage ne résisterait pas sur le Drac. Nous citerons encore les parties de canal maçonnées qu'on établissait dans les traversées des casses, les unes devant rester à découvert sur 420 mètres de longueur, les autres cou-vertes d'une voûte et offrant un développement de 2,194 mètres. Ces maçonneries devaient être encaissées dans une section de déblai à faire à ciel ouvert dans les casses, et cependant l'arrangement qu'y affectent les blocs, montre évidemment que l'enlèvement de quel-ques-uns d'entre eux déterminerait, même dans les casses les plus stables, un éboulement subit des pierres supérieures. Il n'y a d'autres moyens de traverser ces passages que d'asseoir la cuvette maçonnée du canal tout entière sur l'amas des blocs, quand le point où l'on se trouve n'est plus assujéti à des chutes de pierres, (c'est ce qui a lieu dans toutes les parties où notre tracé rencontre des casses); ou bien, dans les points où les éboulements se continuent, de s'enfoncer en souterrain assez profond pour que l'ouverture de la galerie ne compromette pas la stabilité de la couche de blocs. L'exécution de ces galeries sur une longueur de 2,194 mètres coûterait donc fort cher, et il y aurait à compter là le mètre cube de déblai à un prix bien supérieur, à celui de 2 fr. 338ᶜ, qui a été porté pour tous les déblais à faire dans les casses, dans le projet de M. Sévenier.

Ces observations étaient nécessaires pour saisir de suite la différence du projet de 1829 et de celui que nous présentons, et pour faire voir que celui-là n'offre pas de garantie suffisante dans les prévisions des travaux et des dépenses, pour la solution de la question de l'irrigation des terrains du bassin de Gap.

Dans le nouveau projet de canal, la première question qui se présente est celle de la suffisance du volume d'eau du Drac, pour pouvoir lui emprunter les 3 mètres cubes par seconde que nous avons déjà indiqués comme devant être dérivés dans le bassin de Gap. L'on sait qu'au printemps et pendant tout l'été, jusqu'à la fin de juillet, les eaux du Drac entretenues par la fonte des neiges, présentent un volume considérable, elles diminuent beaucoup dans le mois d'août, et la baisse continue ordinairement dans le mois de septembre et jusqu'aux pluies d'automne.

NOUVEAU PROJET DE CANAL.—POSSIBILITÉ D'ALIMENTER CELUI-CI AVEC LES EAUX DU DRAC.

Les irrigations ont donc principalement lieu dans la

saison où la rivière offre le plus d'eau; mais *comme* elles se continuent jusque dans le mois de septembre, nous avons jaugé deux fois le Drac vers notre point de prise d'eau pendant ce mois, et le moindre débit que nous ayons trouvé a été de 6^m 88^c par seconde.

En enlevant de là 3^m par seconde, il en reste 3^m 88^c qui seront parfaitement suffisants pour pourvoir à l'alimentation des usines et des canaux d'arrosage qui puisent au Drac à l'aval. En effet, l'on peut voir sur le plan, à l'égard des usines, qu'à moins d'être sur des canaux d'arrosage dont nous apprécierons tout à l'heure la consommation, elles rendent en général leurs eaux au Drac, à une petite distance de la prise, et qu'elles sont le plus souvent échelonnées les unes au dessous des autres, de manière à ne pas cumuler leurs emprunts à la rivière.

Quant aux canaux d'arrosage, nous tirons de l'ouvrage publié en 1821 par M. Farnaud, sur les irrigations, les contenances suivantes pour les terrains des diverses communes qui exploitent les canaux provenant du Drac, jusqu'à une distance de 20 kilomètres au dessous de notre prise d'eau.

Saint-Bonnet	450	hectares.
Chabottonnes	25	
Chabottes	30	
La Plaine	250	
Saint-Julien	230	
Total	940	

Il y aurait lieu de retrancher de cette superficie, au moins 200 hectares de la commune de Saint-Bonnet, parce qu'elle n'a encore qu'un seul des deux canaux qui devaient l'arroser; 40 hectares de La Plaine, compris dans les 250 qui sont arrosés par le torrent d'Ancelle et non par les eaux du Drac qui ne peuvent monter au niveau de ces terrains; enfin 50 hectares aussi des

320 de Saint-Julien, qui sont arrosées par les torrents de Chantosel et des Combettes. Mais en laissant même subsister intégralement les 940 hectares mentionnés tout à l'heure, ils ne consommeront à raison de $0^m 75^c$ par seconde pour 1,000 hectares, qu'un volume d'eau de $0^m 71^c$.

L'on voit donc que les $5^m 88^c$ cubes d'eau par seconde que nous laisserons au Drac à la prise d'eau du canal de Gap, suffiront largement aux besoins présents et à ceux qui pourraient naître d'entreprises de la nature de celle qui nous occupe et que pourraient concevoir dans l'avenir d'autres communes situées dans la vallée du Drac. Ajoutons d'ailleurs que cette rivière reçoit tout le long de son cours, au dessous de notre prise d'eau, de nombreuses et puissantes sources, notamment le long du pied du coteau qu'elle longe sur la gauche, sur près d'un kilomètre de longueur, immédiatement au dessus du Pont-du-Fossé.

Le canal prendra naissance un peu au dessous du confluent des deux Dracs, où il trouvera assez d'eau pour son alimentation, comme on vient de le voir, sans nuire aux besoins divers de la partie inférieure de la vallée.

DESCRIPTION GÉNÉRALE DU CANAL, ET INDICATION DE SES OUVRAGES D'ART.

Réglé d'après ce point de départ, il traversera les casses situées en amont du Pont du Fossé, presque à leur base, là où, de mémoire de d'homme, on les voit stables et où n'arrivent plus de chutes de pierres. Le fait est mis hors de doute d'ailleurs par les mélèzes qui sont sortis de place en place entre les vides des blocs et qui sont parfaitement intacts. Le nouveau tracé évite totalement, de plus, les casses de Saint-Léger que traversait celui de M. Sévenier.

En quittant les graviers de la vallée du Drac, le canal s'établit sur les versants de la rive gauche, et s'y déve-

*

loppe jusqu'au point où il devra entrer en souterrain pour traverser le col de Bayard et déboucher dans le bassin de Gap. Sa longueur depuis son origine jusqu'à ce point est de 19,597 mètres. Dans cette étendue il sera partout à ciel ouvert, sauf sur deux petites longueurs, l'une de 100 mètres entre les profils 29 et 30, où l'on traversera en galerie un rocher du sommet duquel il tombe encore des pierres de temps à autre; la deuxième entre les profils 33 et 35, où le canal enfoncé sous le sol sera recouvert d'une voûte en maçonnerie, pour l'abriter contre la descente des pièces de bois qu'on lance là du haut de la montagne.

Le canal sera accompagné partout, comme on l'a dit, d'un chemin de service de 3^m 50^c de largeur qui sera généralement établi sur la digue même en remblai; ce chemin ne s'écarte du canal que dans quelques points seulement, comme le montrent le plan et les profils, et lorsqu'il a fallu adopter ce parti, pour éviter de grandes dépenses en murs de soutènement. Dans la plupart de ces points, c'est un mur de cette sorte qui forme la paroi de la cuvette du canal du côté de la vallée. La partie supérieure de cette maçonnerie est projetée avec mortier.

Dans les casses, nous avons une cuvette maçonnée, entièrement en relief au-dessus de la couche des blocs; on a déjà indiqué plus haut le motif de cette disposition.

Le canal, indépendamment des maçonneries dont il vient d'être question, comprendra en outre, depuis son origine jusqu'à la galerie du col de Bayard, les ouvrages d'art suivants:

L'ouvrage de prise d'eau avec la maison du garde.

Un pont-aqueduc de 13 mètres d'ouverture, sur le ravin du Fer-à-Cheval.

Idem de 10 mètres sur le torrent d'Ancelle.

51 aqueducs de 3ᵐ, 2ᵐ, 1ᵐ 75ᶜ, 1ᵐ 50ᶜ, 1ᵐ et 0ᵐ 60ᶜ d'ouverture, sur divers torrents ou ravins.

38 aqueducs en béton, de 0ᵐ 30ᶜ de diamètre, pour le passage de rigoles d'arrosage.

46 ponts sur le canal, à la rencontre de différents chemins.

Enfin, une plateforme sur pilastres, servant de couloir pour la carrière d'ardoises entre les profils 44 et 45. L'exploitation de cette carrière serait impossible sans cet ouvrage.

Des projets particuliers ont été dressés pour chacun de ces ouvrages, en n'en faisant qu'un seul cependant pour les ponts ou aqueducs d'une même ouverture ; ces projets s'expliquent tous suffisamment par eux-mêmes, sauf celui de l'ouvrage de prise d'eau qui est le plus important, et dont il est bon de justifier les principales dispositions.

DÉTAILS SUR L'OUVRAGE DE PRISE D'EAU.

Cet ouvrage comprend un déversoir de 25 mètres de largeur établi transversalement dans la rivière et appuyé d'un côté contre le rocher qui forme la rive droite, de l'autre à une digue en perrés solidement fondée, bien insubmersible et qui se retourne perpendiculairement à la vallée, jusqu'à des terrains que les eaux n'atteignent jamais.

Tous les détails de cet ouvrage sont figurés dans le dessin A, nº 11, et mentionnés dans l'avant-métré, et nous donnerons seulement ici quelques explications sur les dispositions principales du projet.

La fondation du déversoir à 2ᵐ 50ᶜ en contrebas des graviers se fera facilement, durant les mois d'août et de septembre, au moyen d'un barrage provisoire pour écarter la rivière de l'emplacement des fouilles, et en ouvrant un canal d'amorce partant du fond de celles-ci ; la longueur à donner à ce canal serait de 300 mètres, et il asséchera suffisamment les fondations, attendu que la pente de la vallée du Drac est dans ce point de $0^m 01^c$ par mètre.

La solidité de la construction sera protégée contre tout affouillement par une espèce de radier en gros blocs, cubant au moins $0^m 33^c$ l'un, et retenus par deux rangées de pieux coiffés de chapeaux.

La longueur de 25 mètres du barrage ou déversoir sera suffisante, puisque le Drac tout entier passe sous un pont de moins de 9 mètres d'ouverture, au Pont-du-Fossé.

La vanne de prise d'eau placée contre l'extrémité gauche du déversoir, a son seuil à $0^m 50^c$ en contrebas de la retenue de cet ouvrage. La largeur de cette vanne est de 3 mètres, ainsi que celle du couloir voûté qui la suit, et il est facile de voir que dans les plus basses eaux elle débitera les 3 mètres cubes par seconde, voulus.

Il y aura d'abord toujours au moins $0^m 50^c$ de tête d'eau contre la vanne, en considérant le niveau de son radier et celui du déversoir; la différence de niveau de cette eau à celle du canal dans le profil 0 à 16^m de distance, sera de $0^m 24^c$, ce qui donne une pente par mètre de 0,005. Or, en supposant, pour simplifier, que le coursier soit prolongé indéfiniment sur cette pente, et que l'eau y occupe la hauteur de $0^m 50^c$, l'hypothèse sera un peu défavorable au résultat de l'application des formules, et l'on trouvera cependant dans celle d'Eytelwein pour la vitesse moyenne de l'eau dans ce cas, $V = 2^m, 23$; la section étant de $1^m 50^c$, le produit de l'écoulement serait...... .... $3^m 35^c$

Déduisant de là 1/10 pour la contraction à l'entrée des bajoyers de la vanne, ci........ 0 34

Il reste à compter........ 5 01

Ce sera donc au moins là le cube que pourra débiter en tout temps la prise d'eau.

Le dessin de l'ouvrage de prise d'eau fait voir un double vannage placé à 20 mètres en aval du profil n° 0, ou à 63 mètres environ au-delà de la vanne de prise d'eau. Ces vanages ont pour objet de faciliter le curage des graviers que l'introduction de l'eau dans les crues amènerait dans le canal, et qui se déposeront vraisemblablement assez près de la sortie de la voûte qui suit la prise d'eau, car la réduction de la vitesse de l'eau devra s'opérer promptement à son entrée dans le bassin large et évasé du canal. La partie de ce bassin comprise entre la tête de la prise d'eau et les vannages dont il s'agit, offre même une section plus grande que la section normale, dans le but de favoriser encore le dépôt des graviers; son plafond et ses talus sont d'ailleurs revêtus en pavé et en perré, et se prêteront facilement à des chasses qu'on donnera en fermant la vanne en travers du canal, et ouvrant sa voisine qui débouche dans un fossé de décharge conduisant au Drac. Ces vannes étant en cet état, l'eau qu'on lancera par la vanne de prise d'eau dans cette première fraction du canal, balaiera rapidement les dépôts qui s'y seront formés, et l'on rétablira aussitôt l'écoulement dans sa situation régulière.

La section normale du canal, celle qu'il affecte sur la presque totalité de sa longueur, est celle d'un trapèze dont la petite base a 2^m 50^c de longueur, la grande 6^m 40^c, et dont la hauteur est de 1^m 30^c. La pente du canal dans les parties qui présentent la section ci-dessus est de 0,0005; la hauteur de la couche d'eau y sera de 0,90, et l'on peut calculer par les formules d'Eytelwein que la vitesse moyenne du courant sera de 0^m 88^c par seconde et que le produit de l'écoulement sera de 3^m 04^c.

DIVERSES SECTIONS DU CANAL.

Dans les traversées des casses dont il a déjà été question plus haut, et où nous avons dit que la cuvette du canal, entiérement en maçonnerie, serait posée en relief sur le sol, il y avait raison d'économie pour réduire autant que possible cette section; les mêmes motifs se présentaient dans les passages au milieu du roc vif et dans la petite partie voûtée située entre les profils 33 et 35, destinée à abriter le canal contre la descente des pièces de bois qu'on lance là du haut de la montagne. Dans tous ces passages situés entre les profils 13 et 16, 20 et 25, et qui offrent une longueur totale de 1,648^m, nous avons adopté une pente de 0,0014 par mètre, au lieu de celle de 0,0005; la vitesse sera de 1^m 40^c, la section se trouvera réduite à 2^m 20^c de largeur au fond, et 2^m 70^c en gueule, sur 1^m 50^c de hauteur, l'eau y occupera toujours une épaisseur de 0^m 90^c, et le débit sera de 3^m par seconde.

Enfin, dans les ponts aqueducs qui sont trop courts pour qu'on puisse y changer la pente de 0,0005, les parois de la bâche devaient nécessairement être redressés aussi, pour exiger moins de longueur dans les voûtes; le trapèze de la section y aura 3^m 55^c à la petite base, 4^m 07^c à la grande, et 1^m 30^c de hauteur. L'eau y étant toujours aussi de 0^m 90^c d'épaisseur, la vitesse sera de 0^m 90^c, et le produit de l'écoulement de 5^m 02^c.

GALERIE SOUS LA MONTAGNE DE BAYARD, POUR LE PASSAGE DU CANAL SEULEMENT.

Après avoir donné ces détails qui se rapportent à la partie du canal située dans la vallée du Drac, nous allons parler des dispositions nécessaires pour le faire pénétrer dans le bassin de Gap.

En suivant le tracé et les pentes indiquées précédemment, le canal qui se soutient sur le versant gauche de la vallée du Drac, arrive devant les cols de Manse et de Bayard, à 100 mètres environ en contrebas de ces cols. C'est là que la montagne à traverser est la moins élevée et en même temps la moins large. Pour préciser exactement le tracé qui devait offrir la galerie la plus courte, nous avions fait jalonner sur le versant du faîte du côté de Gap, une ligne d'une pente égale à celle du canal de l'autre côté, et située à 20 mètres en contrebas de celle-ci, (*hauteur présumée nécessaire pour la pente que devait racheter la galerie*). Cette ligne rapportée sur un plan à l'échelle de $0^m 00025$, où figurait aussi celle du tracé du canal sur le versant du Drac, nous avons trouvé que la percée la plus courte était celle qui partait du torrent de la Bonne et débouchait dans le torrent du Buson, en passant sous le col de Bayard. Des nivellements et chaînages faits directement sur cette ligne et sur deux autres qui se rapprochaient de sa longueur, l'une sous le col de Manse, l'autre du torrent de la Bonne au torrent de Bonne, ont vérifié les indications du plan et maintenu l'avantage au tracé que nous venons de citer le premier (a). Les profondeurs des puits étaient d'ailleurs sensiblement les mêmes dans les trois cas.

Le projet a donc été poursuivi sur la ligne du torrent de la Bonne au torrent du Buson, et la longueur de la galerie s'y trouve de $3,442^m 29^c$.

Le corps de la montagne de Bayard est en schiste qu'on y voit dans beaucoup de points; c'est d'ailleurs ce qu'en dit M. Gueymard, Ingénieur en chef directeur des mines, dans sa description géologique du département des Hautes-Alpes (b). Ce schiste est compact quoique de peu de dureté; il se fendille au contact de l'air, sous l'effet des variations de sécheresse et d'humidité, mais il y a lieu de croire qu'il cesserait d'être attaqué ainsi par les influences d'hygrométrie et de température, dans les parties du souterrain qui seraient un peu éloignées des extrémités. Nous avons supposé en conséquence

---

(a) La première ligne a 3,442 mèt. de longueur, la seconde 3,476 mèt., la troisième 3,768 mèt.

(b) M. Gueymard, dans cet ouvrage publié en 1830, parle précisément de la galerie qu'on pourrait percer pour le canal de Gap, dans la montagne de Bayard; il dit que cette galerie tout entière se trouverait dans les schistes à Inocines, et qu'elle se ferait sans grandes difficultés. M. Gueymard cite M. l'Inspecteur général des mines, Cordier, comme partageant la même opinion.

qu'on ne revêtirait ses parois en maçonnerie que sur 500 mètres de longueur à chaque bout; la partie intermédiaire devant rester en terrain naturel.

Pour réduire la section du déblai en galerie, nous donnons à celle-ci une forte pente de 0,005 par mètre, et l'on obtient le débit de 3 mètres par seconde d'après les formules habituelles, avec un débouché rectangulaire de 1^m 20^c de base, offrant une hauteur d'eau de 1^m 10^c; la vitesse moyenne du courant sera dans ce cas de 2^m 28^c, comme le montrent les formules. C'est sur les dimensions de cette section que nous établissons les parties maçonnées de la galerie. Dans la portion qui n'offrira que les parois de schiste, le déblai sera fait, quant aux pieds-droits et au cintre, sur les mêmes dimensions que dans les parties qu'on revêtira de maçonnerie, c'est-à-dire que la section y sera augmentée du volume qu'occupe le bandeau des maçonneries au-dessus du plafond. Le surplus de largeur qui en résultera aura pour effet de diminuer la vitesse de l'eau et de ménager le schiste. L'on ne donne du reste que 0^m 30^c d'épaisseur au revêtement en maçonnerie, attendu la bonne compacité du schiste.

Ces détails sont suffisants sans doute pour justifier les dispositions du projet du canal d'irrigation en lui-même, jusqu'à la sortie de la galerie. Les dessins, métrés et estimations qui s'y rapportent, réunis au dossier et cotés de la lettre A suppléent à toute autre indication. Il sera question plus bas, du reste, du mode d'exécution, et des travaux à faire dans le bassin de Gap, et nous allons passer maintenant à d'autres considérations.

HYPOTHÈSE DE L'APPROPRIATION DE LA GALERIE POUR DONNER PASSAGE A LA FOIS AU CANAL ET A LA ROUTE ROYALE, N° 85. — SECTION A UNE SEULE VOIE AVEC CHEMIN DE FER.

Si le canal d'irrigation à dériver du Drac offre assez d'intérêt pour être exécuté, (et l'on reviendra plus bas, de nouveau sur cette question), si l'on doit pour cela, comme on l'a vu, percer la montagne de Bayard d'un souterrain situé à 100 mètres environ en contrebas du col sur lequel vient s'élever la route 85 ; si l'on observe enfin que ce souterrain serait dans une position toute voisine de celle-ci, et parfaitement propre à diriger par là une rectification que commandent en tous cas les pentes excessives de cette route, on est naturellement conduit à se demander s'il ne serait pas possible de disposer le souterrain de façon à livrer passage à la fois à la route et au canal. Par là l'ascension de la route, depuis Gap jusqu'au col, qui est de 510ᵐ 25ᶜ, serait réduite de 108ᵐ 78ᶜ (c), et l'on aurait en outre l'immense avantage d'éviter le plateau de Bayard qui est couvert de neiges pendant 4 à 5 mois de l'année, où la tourmente règne souvent avec une grande violence, et où la communication toujours très pénible durant tout l'hiver, fréquemment alors interceptée, le demeure ainsi quelquefois pendant 5 à 6 jours consécutifs, sans que voiture ni cavalier puisse passer la montagne.

Cette amélioration ne s'achètera pas sans doute sans de grandes dépenses, mais elle serait d'une importance telle pour le département, que nous n'avons pas reculé devant le dessein de faire l'étude du projet dont il s'agit, quelque pût être ensuite l'accueil que l'administration pourrait faire à nos propositions.

Un souterrain de route de la longueur de celui-ci, en l'établissant dans les conditions ordinaires d'une libre circulation, exigerait une largeur de 6ᵐ 50ᶜ, comprenant deux trottoirs de 0ᵐ 75ᶜ chacun ; et avec des pieds-droits de 3ᵐ 50ᶜ de hauteur au-dessus de la chaussée, ou de 3ᵐ 70ᶜ en comprenant le déblayement de la forme de l'empierrement, donnerait une section de 40ᵐ 63ᶜ ; le cube du déblai en galerie serait donc très considérable.

(c) La cote du sommet du col dans notre nivellement général est de. . . 41 80

Celle de l'extrémité de la galerie du côté de Gap est de. 150 58

Différence. 108 58

Il faut tenir compte en outre, dans ce système, d'une dépense annuelle très élevée pour l'éclairage qui devrait être continu de jour et de nuit. En supposant les reverbères espacés de 50 mètres l'un de l'autre, les deux extrêmes étant cependant situées à 150 mètres de l'entrée et de la sortie, il faudrait 64 becs; l'alimentation d'un bec coûte ordinairement 0 fr. 04 cent. par heure, mais en admettant qu'à cause de l'avantage que présenterait l'entreprise par sa continuité, on obtienne un prix de 0 fr. 035 cent. par heure, on trouve pour l'éclairage constant pendant l'année entière, une dépense de 19,622 fr. 40 cent.

La considération de cette dépense et du cube considérable des déblais dans un souterrain à deux voies, nous a fait penser qu'il serait naturel de profiter ici de la force motrice qu'on peut tirer du canal d'irrigation, pour organiser un moyen de transport rapide dans un souterrain à une seule voie. Il suffit pour cela d'y établir deux rails sur lesquels marcheront des trucs mis en mouvement par une roue hydraulique et par un tambour qui conduira un cable. Ce système de traction est employé sur plusieurs chemins de fer, avec la différence que c'est la vapeur qui y fournit la force motrice, mais on y met en usage des cables plus longs que celui dont nous aurons besoin. La disposition que nous proposons réduira les dépenses de construction première et annullera à peu près celle de l'éclairage, car il suffira que le convoi marchant avec les trucs, porte un ou deux reverbères avec lui.

Les heures du passage seront assujéties à un règlement sans doute, mais la vitesse de la marche sera telle qu'à chaque demie heure un convoi partira de l'une des extrémités du souterain, en sorte qu'il ne s'écoulera qu'une heure entre deux départs dans la même direction. Le trajet de la galerie se fera en 15 minutes, et l'on voit qu'une voiture qui se présenterait à une des entrées au moment où le convoi viendrait précisément à partir, (*ce qui est l'hypothèse la plus défavorable*), serait transportée à l'autre extrémité au bout d'une heure 1/4 ; elle aurait mis plus de temps que cela à gravir le col de Bayard par la route actuelle et à arriver au point correspondant à la sortie du souterrain. Du reste, de grands hangards d'attente sont projetés aux abords de la galerie, des deux côtés, pour abriter les voitures et les voyageurs quand ils auront à attendre.

Les pièces cotées B dans le dossier, comprennent les dessins, avant-métrés et estimations des ouvrages de la galerie dans l'hypothèse qu'on vient d'indiquer, et fournissent des détails qui dispensent d'entrer ici dans des explications particulières. Il nous reste seulement à justifier par les calculs nécessaires, la force des machines que nous emploierons et les conditions de mouvement des convois ; mais nous ferons remarquer d'abord pour prévenir une objection qui peut se présenter sur les cas de dérangement et de réparations à faire dans le système moteur auquel serait assujétie la circulation de la route 85, nous ferons remarquer que dans ces circonstances qui ne se présenteront d'ailleurs que rarement, l'on pourra toujours reprendre le passage sur l'ancienne route, au moyen d'un embranchement fort court, voisin de l'entrée de la galerie. Cet embranchement est indiqué sur le plan général, et se trouve compris dans les projets de détails des rectifications.

(d) . . . .
. . . .

CALCUL DE LA FORCE DES MACHINES POUR REMONTER UN CONVOI SUR LES RAILS.—VITESSE DU PARCOURS.

(d) Ce chapitre renferme des justifications nécessaires pour l'administration, mais qui ne sont importantes que pour elle ; l'auteur du rapport a donc cru devoir supprimer ces détails dans la publication qui a été demandée de son travail, et qui donnera sans cela des notions suffisantes des projets présentés.

Les avant-projets joints au présent rapport, classés
par numéros d'ordre ainsi qu'il suit, s'élèvent d'après les
détails estimatifs compris dans les dossiers, aux sommes
suivantes :

(1°) Construction du canal d'irrigation avec galerie destinée uniquement à son passage. .... 1,940,000 »

Ce projet se décompose du reste en deux parties,

La première, depuis la prise d'eau jusqu'au profil n°
131, près de l'entrée de la galerie, monte à. 1,030,000 »

La deuxième, du profil 131 à la sortie de
la galerie, et qui comprend en outre la
rigole maîtresse au haut du bassin de Gap.   910,000 »

TOTAL ÉGAL.... ...... 1,940,000 »

(2°) Rectification de la route royale n° 85, aux rampes
des Roberts et de Laye, depuis Brutinel jusqu'à la borne
kilométrique n° 25...... ... . 225,000 »

Ce projet est complètement détaillé, au point de pouvoir être adjugé après son approbation. Il devra s'exécuter dans tous les cas possibles, comme rectification des
rampes des Roberts et de Laye, et il figure dans la
statistique de 1844.

(3°) Projet de route partant du profil 177 du projet précédent, et comprenant une galerie qui serait commune
à la route et au canal d'irrigation; la rigole maîtresse du
bassin de Gap étant également comprise... 2,420,000 »

(4°) Raccordement de la sortie de cette galerie avec la
route actuelle n° 85, sur les pentes de Gap. 100,000 »

Ce projet a une partie de son tracé commune avec celui
d'un projet de rectification générale de la route 85,
étudié depuis Gap jusqu'au sommet du col de Bayard.
Le projet général n'est pas entièrement terminé et ne le
sera, s'il y a lieu, qu'après la décison de l'administration

sur les projets qu'on lui soumet aujourd'hui; cependant, l'état d'avancement de ces études permet d'indiquer comme positif, que si l'on ne fait pas passer la route en galerie, la rectification de l'ancienne, depuis le point M du plan général jusqu'à Chauvet, suivant le tracé en partie rouge, en partie jaune ponctué, coûtera notablement plus cher que le projet (4°), car elle s'élèvera au moins à 150,000 fr.

Il suit donc de là que les projets (2°) et (4°) ne peuvent susciter d'objections de la part de l'administration, puisque l'un doit se faire dans tous les cas, et que l'autre offrirait une économie dans le cas de l'adoption de la galerie.

Les questions capitales sont celles qui se rapportent aux projets (1°) et (3°) qui constituent deux systèmes distincts; l'un relatif à l'exécution du canal seul avec sa galerie, et dont la dépense sera comme on l'a vu, de . . . . 1,940,000 »

L'autre qui comprendrait dans la galerie la route et le canal, et qui coûtera d'abord, suivant le projet (3°) . . . . 2,420,000 » ⎫
Et en outre, pour la première ⎬ 3,450,000 »
partie du projet (1°) . . . . 1,030,000 » ⎭

Dans le premier cas, l'exécution du canal seul, l'opération n'intéresse directement que des communes, et nullement les routes; mais la création de moyens d'irrigations sur une surface de 4,000 hectares, dans un terrain d'une excellente nature et d'une bonne exposition, serait une entreprise si utile, qu'elle mérite sans contredit, l'intérêt du Gouvernement.

MOYENS D'EXÉCUTION DANS L'HYPOTHÈSE DU CANAL SEUL.— PROPOSITION D'EFFECTUER LA MAJEURE PARTIE DES TRAVAUX AU COMPTE DE L'ÉTAT.—CALCUL DES REDEVANCES POUR DROIT D'ARROSAGE.

Le défaut de capitaux dans le département des Hautes-Alpes sera un éternel obstacle à la réalisation de l'opération dont il s'agit, si le Gouvernement ne se charge lui-même des frais d'exécution ; un précédent favorable peut être invoqué dans cette voie, en s'appuyant de l'adoption du canal de la Neste, entrepris principalement dans un but d'irrigation, travail qui monte à 13 ou 14 millions, et qui s'exécute entièrement aux frais du Trésor. Le droit de prise d'eau se louera aux propriétaires pour le compte de l'État, mais il a été admis en principe dans la discussion de la loi, à la Chambre des Pairs, que ce droit serait très modéré et que le Gouvernement ne cherchait à en retirer que l'intérêt à 3 pour 100 du capital dépensé.

Cette disposition bienveillante pour les populations intéressées au canal de la Neste, et qui a marqué, comme on l'a également dit aux Chambres, le premier pas fait dans la voie des mesures favorables qu'attend l'agriculture, refuserat-on de l'appliquer ici sur une échelle plus modeste, mais dont les proportions néanmoins donneraient, comme on l'a vu, des résultats d'une importance très notable ?

Il s'agit du chef-lieu et de plusieurs communes d'un département pauvre, isolé, qui n'aura pas de part dans les avantages acquis au reste de la France par les chemins de fer ou les canaux qui s'établissent sur tant de points. Ce pays ci ne s'ouvrira jamais à ces grandes créations. L'agriculture est sa seule source de richesses, et à cet égard, il offre des terrains qui ne demandent qu'à produire ; il a pendant l'été un soleil de Provence qui développe et multiplie admirablement les récoltes, quand on dispose de moyens d'irrigation, mais qui dessèche tout quand on en manque ; il a enfin pour ce besoin des eaux abondantes que ses habitants industrieux savent utiliser d'une manière remarquable, quand les dépenses n'excèdent pas leurs moyens ; mais pour les grandes entreprises comme celle dont il s'agit ici, elles dépassent complètement les ressources des propriétaires ; c'est l'État lui seul qui peut leur donner l'essor ; et sans son appui tous les efforts échoueront comme les longues et infructueuses tentatives qu'on a relatées au commencement de ce rapport . en rappelant les antécédents du projet du canal de Gap.

En résumé, nous ne proposons pour la réalisation de ce projet que l'application d'une mesure qui a été saluée unanimement comme l'ouverture d'une ère nouvelle pour les intérêts de l'agriculture, quand on a décrété l'exécution du canal de la Neste.

Si l'État se charge de la dépense du canal de Gap, et qu'on se contente d'en retirer un intérêt à 3 pour 100, ce serait à demander annuellement aux redevances, pour le droit de l'arrosage, une somme de........58,200 »

Nous ajoutons à cela pour les dépenses annuelles d'entretien du canal, entre la prise d'eau et la sortie du souterrain(e).... .... 5,800 »

Total des redevances annuelles d'arrosage à faire rentrer dans la caisse du trésor........64,000 »

Mais nos projets ne comprennent que les travaux nécessaires pour faire arriver l'eau au sommet du bassin de Gap, en tenant seulement compte encore de la rigole maîtresse qui doit le couronner. Il faudra établir plusieurs autres rigoles secondaires avec d'assez grands développements, sur les terrains inférieurs, pour amener l'eau assez à portée des diverses propriétés. Ces ouvrages de détail ne pourront se projeter, si le canal doit s'exécuter, que lorsqu'on sera

A reporter. . . . . .64,000 »

(e) Ces frais d'entretien seront peu considérables, attendu que nulle part le canal ne sera exposé à des avaries ; tous les cours d'eau sont traversés d'après le projet, par des ouvrages solides, et nous avons la conviction entière que rien ne périclitera.

Report. . . . . . . , 64,000 »

arrêté sur la position des parcelles qu'on demandera à arroser, dans la vaste superficie susceptible de recevoir l'eau provenant du canal.

Nous pensons d'ailleurs que cette partie de l'établissement général de l'irrigation ne saurait facilement être entreprise par l'État, et qu'il convient mieux d'en laisser l'exécution et l'administration à l'intérêt privé. Nous évaluons par aperçu la dépense des rigoles secondaires à 250,000 fr., et nous pensons être ainsi plutôt au-dessus qu'au dessous de la réalité. Un capital de cette valeur se trouverait sans doute à Gap, surtout parmi les principaux propriétaires qui seront intéressés à l'arrosage; il suffirait qu'ils retrouvassent de leur côté, comme le trésor, dans le produit des redevances générales, l'intérêt de leur argent; seulement cet intérêt serait porté à 5 pour 100.

Nous ajouterons donc ici pour cet objet une somme de 12,500 fr., ci. . . . . .12,500 »
que prélèveront les capitalistes qui auront fait le fonds dont il s'agit.

Un syndicat administrerait tout l'établissement de l'irrigation dans le bassin de Gap, et percevrait les frais de cette administration et de l'entretien de cette partie des travaux, frais que nous évaluons à 2 fr. 50 cent. par hectare, ou à

A reporter. . . . . 76,500 »

(f) La rigole maîtresse à établir au sommet du bassin de Gap, et qui comprend des ouvrages d'art importants, est évaluée à 150,000 fr. comme on le voit dans les détails estimatifs; si cette somme eût été mise à la charge des intéressés avec les 250,000 fr des rigoles secondaires, c'eût été un capital trop lourd pour eux et difficile à réaliser à Gap. Ce motif nous a déterminé à proposer la construction de la principale rigole aux frais de l'État; nous supposons du reste, que son entretien se ferait par les intéressés.

$$Report.............. 76,500 \text{ »}$$

10,000 fr (g) par an, ci...................... 10,000 »

Le montant total des redevances devra donc
monter à............. .... 86,500 »

Mais il faut observer que les eaux du canal
qui sortiront de la montagne de Bayard, à une
élévation de 400 mètres au-dessus de Gap, se
prêteront sans nuire aucunement à l'arrosage, à
l'établissement d'autant d'usines que le pays en
comportera. La grande quantité de laines que
produit le département fournirait la facilité de
créer dans le voisinage de Gap, des fabriques
comme il y en a beaucoup dans le Briançonnais;
les moulins de la ville qui ne suffisent pas aux

$$A \text{ } reporter.............. 86,500 \text{ »}$$

(g) Les frais annuels d'entretien sur la plupart des canaux du département sont taxés assez
haut, comme on le voit dans l'ouvrage de M. Farnaud; nous donnons ici un relevé qui
concerne quelques uns d'entre eux.

	SURFACE ARROSÉE.	FRAIS D'ENTRETIEN par Hectare
Canal des Costes et d'Aubessagne.	277 h.	4 f. 34
——— du Collet, (hameau de La Motte).	66	9 10
Grand canal de La Motte.	34	· 11 »
Canal de Saint-Eusèbe.	100	9 »
——— de la Fayolle.	16	6 »
Petit canal de La Motte.	16	12 »
Canal de Villar-Saint-Pierre à Saint-Euzèbe.	17	15 »
——— de Charbillac à Saint-Bonnet et à Bénévent.	182	10 »

Ces prix élevés tiennent principalement à ce que les canaux de ces localités, faits en
général avec beaucoup d'économie, exigent des réparations incessantes. Il n'en sera pas de
même dans le cas actuel où les évaluations supposent des travaux bien exécutés et durables.
En outre, l'importance du chiffre de l'entretien permettra de bien organiser ce service.
Il est à remarquer d'ailleurs, qu'en réunissant les sommes que nous portons pour l'entretien de la branche principale du canal et pour celle des rigoles du bassin de Gap, on
obtient un chiffre de 15,600 fr. ou d'environ 4 fr. par hectare. Or, l'on n'a estimé qu'à
20,000 fr. l'entretien du canal de Marseille, qui a 94 kilomètres de longueur (Tome 1 de
M. Nadault de Buffon, page 24); si dans cet ouvrage on voit citer des canaux d'un entretien
fort cher, on en voit d'autres, comme celui de Marseille que nous venons de citer, comme
celui de Châteaurenard, qui dépensent ou qui dépensent peu. Ce dernier s'entretient avec
2 fr. par hectare. Nous pensons que notre canal offrira les conditions d'un entretien écono-
mique, et que nos évaluations à cet égard sont suffisantes.

Report............. 86,500 ʼ

besoins seraient suppléés par de nouveaux éta-
blissements, et il y aurait conséquemment à
faire des concessions de chutes, qui pourraient .
être constituées en locations dont nous pensons
qu'on peut bien fixer le produit annuel à..... 6,500 ʼ

Déduisant cette somme, il restera à demander
    aux redevances, pour l'arrosage, ci... ..80,000 ʼ

Or 80,000 fr. répartis sur 4,000 hectares donnent 20 fr.
par hectare. C'est là le taux auquel l'opération, comme
nous la proposons, porterait le prix de l'arrosage, et
nous pensons que la modération de ce tarif ne doit pas
laisser de doute sur l'empressement que mettront les
propriétaires à s'abonner pour l'irrigation de leurs terrains.

Nous venons d'exposer les motifs qui pourraient déci-
der le Gouvernement à se charger de l'exécution du canal
d'irrigation à dériver du Drac, jusqu'à la sortie de la
montagne de Bayard, travail dont la dépense est estimée
à 1,940,000 fr. y compris la rigole maîtresse du bassin de
Gap, mais dont il tirerait à coup sûr un revenu net de
58,200 fr. par an.

CONSIDÉRATIONS
PARTICULIÈRES
A L'APPUI DU PROJET
D'UN SOUTERRAIN
PROPRE A RECEVOIR
LA ROUTE
ET LE CANAL.

Il nous reste à motiver maintenant plus particulière-
ment qu'on ne l'a fait plus haut, le projet qui consisterait
à disposer la galerie de façon à recevoir en même temps
la route royale et le canal.

La rectification des rampes des Roberts et de Laye,
(projet 3°), qui ont des inclinaisons de 0,07 à 0,11 par
mètre, conduit naturellement par son nouveau tracé
qui est absolument forcé dans cette direction, tout
près de l'entrée en galerie; de même du côté de Gap,

la rectification générale de la route se raccorderait très simplement avec la sortie du souterrain, (projet 4°).

Pour disposer ensuite la galerie de façon à y placer ensemble la route et le canal, il faut dépenser entre le profil 131 du canal, ou 177 de la route, et la sortie du souterrain, une somme de............ 2,420,000 »

Mais l'établissement du canal tout seul, dans cet intervalle, coûterait comme on l'a vu........ .... 910,000 »

En sorte que l'augmentation nécessitée par le passage de la route en galerie, serait de...... .... 1,510,000 »

Ce nouveau sacrifice dans l'intérêt de la route paraîtra-t-il trop considérable, eu égard aux inconvénients qu'offre le passage du col de Bayard?

Nous avons décrit ces inconvénients plus haut, et l'on a vu que pendant l'hiver un chef-lieu de département, et par suite la plus grande partie de celui-ci, restent souvent près d'une semaine entière sans aucune communication avec la France.

Le projet que nous présentons supprime entièrement toute la partie de la route qui est assujétie aux tourmentes. C'est un fait parfaitement sûr qu'elles ne descendent jamais jusqu'aux points où débouche le souterrain des deux côtés de la montagne.

Le projet abaisse en outre la montée de 108ᵐ 78ᶜ.

Il diminue la longueur du parcours de 2,531ᵐ 71ᶜ; on le voit en comparant le tracé par la galerie entre les points M et N du plan général, et le tracé par le plateau de Bayard entre les mêmes points, suivant la rectification marquée en jaune ponctuée, et qui est un tracé en pente de 0,05.

Nous pensons que ces avantages importants ne sauraient

être regardés comme acquis à un prix trop élevé par la dépense de 1,510,000 fr. que nous venons d'indiquer, même en ayant égard encore à cette autre considération que les dépenses annuelles résultant de l'adoption de la galerie s'élèveraient à 10,000 fr., pour l'entretien des machines et le salaire d'un machiniste, de deux convoyeurs et de trois aides.

En ajoutant le capital de ces 10,000 fr. à la somme ci-dessus, on la porte à...... .... 1,710,000 »

Mais nous trouvons encore ici un précédent qui doit faire espérer que le Gouvernement ne reculerait pas devant ce sacrifice.

La percée du Lioran vient d'être exécutée dans le département du Cantal, pour l'amélioration de la route royale n° 126. Nous voyons dans le mémoire de M. Ruelle, Ingénieur des ponts et chaussées, qui a effectué ce travail, (Annales des ponts et chaussées, 1846, cahier IV), que le col de ce nom, que gravissait la route, est élevé de 1,300^m au-dessus du niveau de la mer, et la description que donne cet Ingénieur des difficultés de ce passage avant le percement de la galerie, ne fait que concorder avec ce qui a lieu sur le col de Bayard, qui a lui-même une élévation de 1,248^m.

La percée du Lioran a coûté, jusqu'au 31 décembre 1846.............................. 1,409,543 95 et elle n'est pas entièrement terminée.

Elle a 1,414^m de longueur.

Elle abaisse la montée de 160^m.

Elle réduit le parcours réel de 2,000^m.

Les améliorations que nous obtenons dans notre projet diffèrent peu de celles-ci; notre dépense sera plus forte parce qu'ici le souterrain est plus long, mais la différence serait réduite si l'on tenait compte des frais d'entretien dans la percée du Lioran, qui devra nécessairement être éclairée de jour et de nuit, car c'est un passage à deux voies.

En définitive, l'exemple que nous présentons en faveur de notre projet nous paraît de nature à faire envisager l'exécution de celui-ci comme admissible. Nous reprochera-t-on de chercher pour le canal, d'une part, pour la route, de l'autre, des précédents de différents côtés, pour accumuler dans le département des Hautes-Alpes des améliorations qui ne sont dispensées que partiellement ailleurs ? Mais c'est que ce département est dans la malheureuse condition de réunir les inconvénients répartis ailleurs entre plusieurs autres ; aucun n'est plus digne d'intérêt sous ce rapport, et nulle part aussi la reconnaissance ne serait plus vive, en lui accordant comme au moins fortuné, dans la grande famille du Pays, une part généreuse des revenus publics, pour créer chez lui les améliorations dont il a un si grand besoin.

Gap, septembre 1847.

L'Ingénieur en chef des Hautes-Alpes,

UHRICH.

NOTA. L'on ne peut espérer que le Gouvernement accueille la proposition d'exécuter le canal au compte de l'État, qu'autant que ce projet arrivera à l'administration accompagné de demandes nombreuses d'abonnements à l'arrosage, au prix déterminé dans le rapport ci-dessus. Il importe donc que les propriétaires intéressés produisent de suite des engagements formels à cet égard, pour une bonne partie des 4,000 hectares à arroser.

Tout le monde peut se rendre compte à peu près des terrains qui pourront recevoir l'eau, en considérant que le canal déboucherait de la montagne de Bayard à 400 mètres environ au-dessus de Gap.

Il suit de là que du côté de la montagne de Charance, la rigole maîtresse, en tenant compte de sa pente normale et des chutes brusques qu'on aurait à lui faire prendre pour éviter des versants trop raides, que la rigole maîtresse, disons-nous, passerait au moins à 50 mètres au-dessus du château. Elle gagnerait ensuite le point culminant de la route royale n° 94 près de La Freyssinouse, en dirigeant, s'il y avait lieu, une branche secondaire sur les terrains de cette commune, et suivrait ensuite le versant droit de la vallée de la Luye, sur la commune de Pellautier et même sur celle de Neffes, s'il reste encore là assez d'eau, après ce qui aura été demandé dans la partie du bassin la plus rapprochée du débouché du souterrain.

Il sera naturel, en effet, de desservir d'abord les terrains situés à l'amont du bassin d'irrigation, mais l'eau qu'on ne demandera pas dans cette partie de la contrée, sera nécessairement conduite dans les communes inférieures qui en feront la demande.

Du côté de Romette et de La Rochette, la rigole principale se soutiendra le plus possible sur les parties élevées dès terrains cultivables, et pourra traverser la route royale n° 94 et la Luye, près de Labâtie, (dont l'élévation au-dessus de Gap est de 120 mètres environ), si les demandes d'irrigation vont jusque vers ce village. Le point où l'on passera ainsi sur la rive gauche de la Luye, déterminera la hauteur à laquelle on se tiendra sur les terrains situés de ce côté de cette rivière, ainsi que sur les flancs de la montagne de Saint-Mens. Les demandes d'arrosage qui viendront de ces derniers quartiers, pourront influer d'ailleurs sur le point définitif où se ferait le passage de la Luye.

L'on a vu dans le cours du rapport que les concessions d'eau seraient basées sur un volume de $0^m 75^c$ cubes par seconde, pour 1,000 hectares. Pour rendre plus sensible l'effet d'une irrigation disposant d'un pareil volume d'eau, nous dirons qu'il pourrait verser chaque jour une couche d'eau de $6^{mil.}48$ d'épaisseur sur chaque parcelle, en sorte qu'en admettant une rotation de dix jours pour l'arrosage, ce serait tous les dix jours une couche de $65^{mil.}$ que recevraient les terrains dans le cours d'une journée.

Gap.—Imprimerie d'Alfred ALLIER.

www.ingramcontent.com/pod-product-compliance
Lightning Source LLC
Chambersburg PA
CBHW060810280326
41934CB00010B/2629